LA CAÍDA DEL MURO DE BERLÍN

El fin del Telón de Acero

Por Véronique Van Driessche
En colaboración con Pierre Frankignoulle
Traducido por Laura Bernal Martín

Historia en50MINUTOS.es

LA CAÍDA DEL MURO DE BERLÍN

- **¿Cuándo?** El 9 de noviembre de 1989
- **¿Dónde?** En Berlín Este (República Democrática Alemana, RDA)
- **¿Contexto?**
  - El final de la Guerra Fría (1945-1990)
  - La apertura a Occidente de los países del bloque del Este
- **¿Actores principales?**
  - Egon Krenz, hombre político alemán (nacido en 1937)
  - Günter Schabowski, antiguo periodista alemán (1929-2015)
- **¿Repercusiones?**
  - La caída del régimen comunista en la RDA (1989-1990)
  - La reunificación de Alemania (1989-1990)
  - El desmoronamiento de los gobiernos comunistas en los países del Este (1989-1990)
  - La disolución de la URSS (1990-1991)
  - La extensión hacia el Este de la comunidad europea

El muro de Berlín, levantado en agosto de 1961 para aislar a la parte occidental de la ciudad del mundo comunista que la rodea, no es tan solo el triste resultado de la división de Europa y de Alemania durante la Guerra Fría que comienza tras la Segunda Guerra Mundial (1939-1945), sino también de la dureza del régimen comunista, que lleva al éxodo a una gran parte de la población. En otoño de 1989, no obstante, el estancamiento económico de la Unión soviética, la flexibilización del régimen comunista, el deseo generalizado de democratización que afecta a los países del Este y la fuerza de un pueblo que reclama libertad de circulación acaban con el símbolo más importante del conflicto Este-Oeste.

En la noche del 9 de noviembre de 1989, los medios de comunicación alemanes anuncian —anticipadamente— que a partir de ahora es posible salir del territorio de Alemania Oriental sin condiciones ni plazos. La reacción no se hace esperar: durante las siguientes horas, la población de Berlín Este se apresura a llegar a los pasos fronterizos de la ciudad que los guardias, que no estaban informados, acaban por abrir. En una noche, el muro que había separado a tantas familias y amigos durante 28 años cae por fin.

La desaparición del muro de Berlín acelera brutalmente un proceso que ya estaba en marcha. La ausencia de reacción por parte de las autoridades soviéticas anima a la población de los países del Este a rechazar la dictadura comunista: se organizan por todas partes grandes manifestaciones pacíficas. El impulso es tan fuerte que, en algunos meses, la democracia predomina en toda Europa del Este.

CONTEXTO

LA EUROPA SALVADA POR LOS ALIADOS

En la Segunda Guerra Mundial, la intervención de las fuerzas aliadas marca, desde 1943, un importante punto de inflexión. Europa es liberada progresivamente de la Alemania nazi por el Ejército Rojo (el ejército soviético), que logra su primera victoria en la batalla de Stalingrado (invierno de 1942-1943), y por las tropas anglo-americanas y francesas, que organizan desembarcos en Sicilia (julio de 1943), en Italia (septiembre de 1943) y en Francia (junio y agosto de 1944).

Conferencia de Yalta en la que participaron (de izquierda

Durante la Conferencia de Yalta que se celebra en febrero de 1945, los Aliados se preparan para la reconquista de Alemania y planean la gestión de la postguerra. En una declaración, se comprometen a guiar a los países liberados del yugo nazi hacia una democracia colocando gobiernos de coalición provisionales que se encargarán de organizar unas elecciones libres. Asimismo, dirigirán el destino de Alemania para despojarla de cualquier posibilidad de volver a convertirse en una potencia bélica: será desmilitarizada, desnazificada y colocada bajo la tutela de los Aliados, que la dividen en cuatro zonas de ocupación militar (soviética, americana, británica y francesa). La ciudad de Berlín, capital del Tercer Reich de Hitler (hombre de Estado alemán, 1889-1945) también será dividida en cuatro sectores administrados por los Aliados.

¿SABÍAS QUE...?

La reconquista de Europa, y después de Alemania, se produce en dos frentes: al este por la Unión Soviética, y al oeste por los Aliados anglosajones. El 25 de abril de 1945, los ejércitos se reúnen en Torgau, junto al Elba, a varios cientos de kilómetros al oeste de Berlín, y que por tanto se encontrará en el corazón de la zona de ocupación soviética de Alemania.

En Yalta, y más aún durante la Conferencia de Potsdam (julio-agosto 1945) que sigue a la capitulación de Alemania (8 de mayo de 1945), observamos las primeras señales de desacuerdo entre los Aliados occidentales y la Unión Soviética: el fin de la guerra también supone el fin de la Gran Alianza.

EUROPA, ALEMANIA Y BERLÍN ESCINDIDAS EN DOS

Los compromisos acordados en Yalta y en Potsdam sobre la Europa liberada no son respetados por la Unión Soviética, que favorece el establecimiento de dictaduras comunistas en los países de Europa central y oriental que ha reconquistado. Ocho Estados se ven afectados: Hungría, Bulgaria, Rumanía, Polonia, Checoslovaquia, Yugoslavia, Albania y la República Democrática Alemana (la RDA, reconocida en octubre de 1949) se convierten en Estados satélite de Moscú.

Un profundo corte ideológico, político y económico, un verdadero «telón de acero» —como lo llama Churchill (hombre de Estado británico, 1874-1965) durante su discurso en Fulton (Misuri) en 1946— divide rápidamente a Europa, que se convierte en el escenario principal de la Guerra Fría que se librará durante 45 años entre los Estados Unidos y la Unión Soviética.

LA GUERRA FRÍA

Cuando se acaba la Segunda Guerra Mundial, los Estados Unidos y la Unión Soviética se convierten enseguida en adversarios. Defienden ideologías y principios políticos y económicos totalmente opuestos: el capitalismo y la democracia de unos frente al comunismo estaliniano de los otros.

Ambos se esfuerzan por extender su esfera de influencia ofreciendo ayuda económica a sus partidarios y creando alianzas militares: el bando americano pone en marcha el plan Marshall (1947) y la OTAN (Organización del Tratado del Atlántico Norte, 1949), mientras que el bando soviético crea el CAME (Consejo de Ayuda Mutua Económica, 1949) y firma el Pacto de Varsovia (1955). Aunque no tiene lugar ningún conflicto directo, su rivalidad se expresa de forma especialmente espectacular —y peligrosa— en la carrera armamentística y espacial.

Aunque los países de Europa del Este que han caído bajo el yugo soviético se cierran a Occidente, Alemania y, sobre todo, Berlín, cristalizan en mayor medida esta separación. En Berlín Oeste, al igual que en la República Federal Alemana (RFA), reina la democracia, mientras que en Berlín Este, como en la República Democrática Alemana (RDA), se impone la dictadura comunista. Muchos alemanes del Este intentan pasar a la RFA, donde las condiciones de vida son mejores. Pero este éxodo masivo, que se acentúa en los periodos de crisis, amenaza la economía de la RDA, basada en la planificación.

No obstante, cerca de medio millón de personas atraviesan diariamente la frontera en Berlín, que, con sus 81 pasos fronterizos Este-Oeste, proporciona una puerta de salida al 90% de los que quieren irse. Walter Ulbricht (1893-1973), el dirigente de la RDA, obtiene de Nikita Kruschev (1894-1971), el líder de la Unión Soviética, la autorización para instalar alrededor de Berlín Oeste un importante dispositivo fronterizo, que se presenta oficialmente como un muro de protección contra el fascismo occidental.

El 13 de agosto de 1961, los grupos de combate armados permanecen en la línea divisoria.

La mañana del domingo 13 de agosto de 1961, 25 000 soldados y policías levantan alrededor de Berlín Oeste un tendido de alambre de púas provisional, que es reemplazado durante las siguientes semanas por un dispositivo más sólido (un muro formado por losas de hormigón reforzadas con mampuesto o con alambradas metálicas): es la operación «muralla China». La parte del muro que separa los dos sectores de la ciudad bloquea calles, plazas, raíles de ferrocarril, y se integra en edificios que son evacuados a la fuerza o cuyas aperturas que dan hacia el Oeste son obstruidas. En algunas horas, Berlín Oeste se encuentra herméticamente aislada del mundo comunista. A partir de ahora, cientos de familias y de amigos son separados, y lo seguirán estando durante muchos años.

EL MURO DE LA VERGÜENZA

El muro de Berlín tiene una extensión de 155 kilómetros, de los cuales 43 kilómetros se encuentran en el interior de la ciudad, donde se han ubicado ocho pasos fronterizos (uno de ellos ferroviario), y 112 kilómetros en la frontera exterior, que incluye seis pasos fronterizos. En la retaguardia se ha instalado todo un dispositivo de defensa formado por alambradas de púas, metralletas, torres de vigilancia, perros y detectores, ya que el objetivo es, ante todo, impedir que se salga de la RDA. Este dispositivo cuenta con entre 30 y 100 metros de ancho, y constituye un tipo de *No Man's Land* («tierra de nadie») infranqueable que se reestructura en cuatro ocasiones entre 1961 y 1989 para aumentar la eficacia del muro.

Foto del muro de Berlín.

Los candidatos a la libertad se arriesgan a ser encarcelados o a perder la vida: contamos al menos 137 víctimas del muro, entre las que se encuentran personas que no eran fugitivas y que, sin embargo, fueron abatidas por los guardias, que tenían la orden de disparar a discreción.

Mientras que las numerosas tiendas, restaurantes, museos, cines y clubs nocturnos testimonian la prosperidad capitalista de la RFA y de Berlín Oeste, Berlín Este es una ciudad comunista típica que no presenta ninguna diversidad. Los edificios, las casas y los coches, idénticos, a menudo son de mala calidad. Los atuendos son de colores apagados y los productos de lujo muy escasos. Las madres de familia pasan horas y horas haciendo cola para entrar en tiendas con pocos suministros, a menudo sin saber qué podrán comprar. Sin embargo, no es dinero lo que falta, sino la forma de gastarlo. Además de esta constante penuria, viven en el miedo y en la desconfianza suscitada por la estrecha vigilancia de la policía secreta de Alemania Oriental, la Stasi (abreviatura de *Staatssicherheitsdienst*, el servicio de seguridad interna del Estado), que controla la vida de los ciudadanos, obligándolos a menudo a colaborar con denuncias. La amenaza de prisión y de tortura pesa sobre todo el mundo.

EL DEBILITAMIENTO DE LA AUTORIDAD SOVIÉTICA

En el contexto de la Guerra Fría, la URSS se implica cada vez más en la carrera armamentística militar y en la conquista espacial con el impulso de su dirigente, Leonid Brézhnev (1906-1982). Esta excesiva militarización agota la economía soviética, que a partir de 1975 presenta signos de estancamiento e incluso de declive, lo que obliga a la población a reducir su consumo al mínimo soportable y a limitar las inversiones. Entonces se crea un desequilibrio abismal entre la inversión militar y la inversión civil.

A principios de los años ochenta, cuando los Estados Unidos relanzan la carrera armamentística bajo la presidencia de Ronald Reagan (1911-2004), la Unión Soviética es consciente de que no podrá rivalizar con ellos por mucho más tiempo. También se da cuenta de que es urgente que el país salga de su situación de estancamiento mediante cambios políticos y económicos.

Mijaíl Gorbachov (nacido en 1931) llega al poder en 1985 y aplica una política reformista de glásnost (transparencia), de perestroika (reestructuración) y de semi-democratización en la URSS. Además, realiza una política de apertura a Occidente negociando el fin de la carrera armamentística con los Estados Unidos (Tratado de Washington, 1987). A partir de entonces, la Unión Soviética participa activamente en las reuniones de la CSCE (Conferencia sobre la Seguridad y la Cooperación en Europa) para mejorar la cooperación de los países en materia de seguridad, de economía y de respeto de los Derechos Humanos.

En 1988, Gorbachov abandona oficialmente la Doctrina Brézhnev, que preconizaba la soberanía limitada de los Estados satélite. Esto anima actos de oposición a los regímenes comunistas: las manifestaciones se multiplican y algunos países del Este, como Polonia, Hungría y Checoslovaquia, inician reformas democráticas.

LA LIBERTAD PARA VIAJAR

Para entrar legalmente en la RFA, un ciudadano de Alemania Oriental debía pedir, pasando muchos trámites y costeando los enormes gastos, un pasaporte y un visado de salida motivados por razones familiares y urgentes (matrimonio, enfermedad grave o fallecimiento de un pariente próximo). Se concedían pocas autorizaciones, aunque durante los últimos años las reglas se habían suavizado un poco.

Pero la democratización y la apertura a Occidente implican una mayor libertad de movimiento de personas. Por consiguiente, el 15 de enero de 1989, con la firma del tratado de la CSCE, la Unión Soviética y sus aliados se comprometen en garantizarle a todos los ciudadanos el derecho de salir de un país y de volver a entrar más tarde.

Una primera brecha aparece en el «telón de acero» cuando, el 2 de mayo de 1989, el gobierno húngaro abre la frontera con Austria a sus ciudadanos. Durante el verano, miles de alemanes del Este se precipitan a Hungría vía Checoslovaquia. En otoño comienza un verdadero juego de tira y afloja:

- el 10 de septiembre, Hungría autoriza que los alemanes del Este pasen a Austria, pero Checoslovaquia, que apoya la RDA, les cierra su frontera con Hungría;
- el 30 de septiembre, Checoslovaquia deja salir en trenes especiales, llamados «trenes de la libertad», a los refugiados alemanes del Este, que se amontonan en la embajada de Alemania Occidental;

- el 3 de octubre, la RDA prohíbe que se viaje sin visado a Checoslovaquia, y más adelante a Rumanía y a Bulgaria.

En las grandes ciudades de la Alemania del Este se organizan manifestaciones que piden reformas democráticas y, sobre todo, libertad de movimiento. Alcanzan una gran importancia a partir de la decisiva manifestación del lunes 9 de octubre, que se celebra en Leipzig y que reúne a 70 000 personas sin violencia ni intervención de las fuerzas del orden.

El politburó del SED (el partido comunista de la RDA) anuncia su intención de dialogar con el pueblo. El dirigente de la RDA, Erich Honecker (1912-1994), considerado demasiado conservador, se ve obligado a dimitir el 18 de octubre. Le reemplaza Egon Krenz, que promete un cambio político y un proyecto de ley para regular los viajes. Al mismo tiempo, entabla negociaciones sobre las posibilidades de cooperación económica entre las dos Alemanias con el canciller de Alemania Occidental Helmut Kohl (nacido en 1930).

BIOGRAFÍAS

EGON KRENZ, HOMBRE POLÍTICO ALEMÁN

Egon Krenz nace el 19 de marzo de 1937 en Kolobrzeg (provincia prusiana de Pomerania, al norte de Alemania), y a los 16 años se une a las Juventudes Comunistas de Alemania Oriental, que liderará diez años, de 1974 a 1984.

En 1955 entra en el SED, el partido comunista de Alemania Oriental. Entre 1957 y 1959 realiza el servicio militar y, de 1964 a 1967, frecuenta la escuela del partido comunista alemán en Moscú.

Asciende rápidamente a la cabeza del SED: en 1973 es nombrado secretario del Comité Central, y en 1983, con solo 46 años, se convierte en miembro del politburó del Comité Central, que se ocupa de las cuestiones de seguridad interna. El año siguiente es vicepresidente del Consejo de Estado de la RDA, convirtiéndose así en una suerte de brazo derecho de Erich Honecker, líder del Estado. Le reemplaza el 18 de octubre de 1989, poco antes de la caída del muro de Berlín, lo que le convierte en el último jefe de Estado de la RDA. Tras la caída del muro, es destituido de su puesto de secretario general del SED el 3 de diciembre de 1989 y, tres días más tarde, del de presidente del Consejo de Estado. Se le excluye del nuevo SED/PDS en enero de 1990.

En 1997, debe responder sobre su responsabilidad, como antiguo miembro del politburó, en la muerte de cuatro civiles asesinados por guardias fronterizos, y es condenado a seis años de cárcel.

Hoy en día siente nostalgia de la RDA y se mantiene fiel a sus ideales políticos. Casado y padre de dos hijos, vive con su familia cerca de Rostock, en Pomerania.

GÜNTER SCHABOWSKI, ANTIGUO PERIODISTA ALEMÁN

Günter Schabowski nace el 4 de enero de 1929 en Anklam (Pomerania). Mayor que Egon Krenz, conoce la guerra, lo que motiva su compromiso comunista. Entra en el SED en 1952 y trabaja como redactor (1968-1978) y, más adelante, como redactor en jefe (1978-1985) del periódico del partido, el *Neues Deutschland*. Entra en el Comité Central del SED en 1981, en el politburó tres años más tarde y, en 1985, se convierte en el primer secretario del partido para Berlín Este.

El 6 de noviembre de 1989, poco antes de la caída del muro de Berlín, es nombrado secretario del Comité Central del SED para la Información, un puesto recientemente creado que sirve como portavoz del gobierno. Tras la caída del muro, dimite el 3 de diciembre de 1989 del Comité Central y del politburó. Finalmente, es excluido del SED/PDS en enero de 1990.

De 1992 a 1999 retoma su carrera periodística como redactor en el *Heimat Nachrichten*, un periódico de anuncios breves y de noticias locales que funda con un periodista y editor de Alemania Occidental.

En 1997 es señalado responsable, como Krenz, de la muerte

de civiles que habían intentado atravesar la frontera. Es condenado a tres años de cárcel y se reconoce moralmente culpable de estos actos. De forma general, reconoce su responsabilidad en los aspectos negativos del régimen comunista en la RDA, y admite que esta última estaba al borde del colapso en noviembre de 1989.

Casado y padre de dos hijos, fallece el 1 de noviembre del 2015 en Berlín.

LA CAÍDA DEL MURO DE BERLÍN

LOS DÍAS PREVIOS

A principios del mes de noviembre de 1989, las autoridades de la RDA se encuentran acorraladas: la manifestación del 4 de noviembre en Berlín Este reúne a un millón de participantes y las peticiones de salida son más numerosas que nunca. Además, Checoslovaquia, cuya frontera con Alemania Oriental se ha vuelto a abrir el 27 de octubre, reclama una solución rápida al problema de los refugiados, que se cuentan por miles. El 4 de noviembre consiguen que se les deje pasar directamente a la RFA: es la segunda brecha en el «telón de acero». En cuanto a la Unión Soviética, Gorbachov ha expresado claramente que no ayudará a la RDA. Por todo ello, es necesario promulgar una ley sobre la libertad de circulación.

El 6 de noviembre se publica una parte del proyecto de ley, pero las restricciones siguen siendo muy importantes: no se puede viajar más de 30 días al año, los gastos de viaje están restringidos a 15 marcos alemanes y las autoridades siempre tienen derecho a rechazar un visado aunque no tengan motivos concretos. Esa misma noche tienen lugar numerosas manifestaciones en varias ciudades, en las que se grita: «¡Vamos a dar la vuelta al mundo en treinta días y sin dinero!».

El 7 de noviembre, el politburó decide que, en primer lugar, hay que tratar la cuestión de las salidas definitivas de la RDA, puesto que la cuestión presupuestaria de los viajes está a la espera de un acuerdo con la RFA. El 8 de noviembre se abre un gabinete de crisis de tres días en el Comité Central del SED.

EL JUEVES 9 DE NOVIEMBRE DE 1989

El nuevo proyecto de ley está listo. Los cuatro oficiales encargados de modificar las reglas de las salidas del país acuerdan suprimir todas las restricciones sobre las salidas definitivas, y deciden regular también los viajes privados para que no todo el mundo decida abandonar definitivamente la RDA. A lo largo del día, el proyecto es aprobado por los miembros del politburó, más tarde por el Ministerio de Interior, por el Servicio de Seguridad del Estado y, finalmente, por el Comité Central.

Una conferencia de prensa internacional está prevista a las

18:00. Egon Krenz informa enseguida al portavoz del SED, Günter Schabowski, de lo que se ha dicho en la reunión del Comité Central y le entrega un documento en el que figura el proyecto de ley y el comunicado de prensa que tiene que leer.

Schabowski ofrece durante más de 50 minutos un informe sobre los acontecimientos de la jornada que carece de interés. Solo al final de la conferencia, cuando un periodista le pregunta sobre la ley de viajes, se acuerda del documento que le han entregado. Comienza subrayando que es comprensible que los alemanes del Este quieran viajar o trasladarse al Oeste, y después anuncia que, como ya no es posible que lo hagan pasando por un país amigo, el politburó «[ha decidido] hoy que los ciudadanos de la RDA puedan viajar por los pasos fronterizos» (Salas 2014).

Conferencia de prensa de Schabowski el 9 de noviembre.

Como es evidente, esta declaración despierta el interés de los periodistas. Las preguntas se multiplican: «¿Sin pasaporte?» «¿A partir de cuándo?». Pero Schabowski no sabe prácticamente nada de la ley. Busca más información en el documento y lee: «Los viajes privados al extranjero pueden ser realizados sin ser necesario presentar o solicitar condiciones para ello, motivos justificados o causas familiares. Los permisos se otorgarán al poco tiempo. Las competencias correspondientes [han recibido la orden de] otorgar las visas con prontitud y sin que sea necesario para ello cumplir condiciones especiales» (Cobarsí Morales). En lo que se refiere a los pasaportes, afirma que cree que se van a proporcionar. Cuando le preguntan sobre la entrada en vigor de la ley, responde: «Según tengo entendido, de inmediato» (Alonso 2009). Se le pregunta inmediatamente si la ley también es válida para Berlín Oeste, si permite evitar el desvío por Checoslovaquia o Polonia, y Schabowski, tras consultar su documento, lo confirma.

A partir de las 19:00, las agencias de prensa difunden la noticia de la apertura de las fronteras de la RDA. La televisión de Alemania Oriental, que retransmite en directo la conferencia de prensa, declara a las 19:30 que los viajes privados al extranjero están a partir de ahora autorizados aunque carezcan de un motivo concreto. En el telediario de las 20:00, Alemania Occidental anuncia que los ciudadanos del Este ya no están obligados a pasar por Checoslovaquia para llegar a la RFA.

La reacción de la población no se hace esperar. Desde las 20:30, los berlineses del Este llegan a los principales pasos fronterizos para comprobar si su nueva libertad es real. Pero todo está cerrado. Los guardias de los pasos fronterizos, que no están informados y que no han recibido ninguna orden, les proponen que vuelvan al día siguiente. Pero las horas pasan y la multitud crece. En el paso fronterizo de Bornholmer Straße, situado en un barrio muy poblado, los guardias, desbordados, comienzan a otorgar visados a cuenta gotas.

En la edición de las 22:45, el telediario de Alemania Occidental proclama que las puertas del muro están abiertas —algo que en realidad aún no es cierto—, creando un nuevo flujo de berlineses que se dirigen a los pasos fronterizos. A las 23:30, los responsables del servicio de pasaportes del paso fronterizo de Bornholmer Straße, temiendo un baño de sangre, deciden abrir las barreras y dejar que todo el mundo pase sin control. Más de 20 000 personas franquean el paso durante el transcurso de la hora siguiente. Hacia la medianoche, se abren también el resto de pasos fronterizos.

Llegada de los automóviles Trabant 601 a Berlín Oeste.

Un cortejo de peatones y de pequeños Trabant 601 (los automóviles fabricados en la RDA) hace aparición en Berlín Oeste. Se les acoge con champán y Coca-Cola. Durante el resto de la noche, los berlineses festejan la apertura del muro. La Puerta de Brandenburgo y la Plaza de París, atrapadas desde 1961 en el *No Man's Land*, son ocupadas por miles de berlineses tanto del Este como del Oeste, que escalan al muro en estos puntos. Algunos bailan sobre él, mientras que otros lo atacan a golpe de pico y buril. La mayor parte de los visitantes regresan al Este al amanecer.

¿Cómo deberían haber transcurrido los hechos?

Alemania Oriental no podía evitar la apertura de sus fronteras, pero deseaba mantener durante todo el tiempo que fuera posible el orden y la moderación en las salidas.

Los autores del proyecto de ley no querían que se pudiera salir sin petición previa. El pasaporte seguía siendo obligatorio y, como solo una parte de la población tenía uno, el plazo del proceso administrativo para recibirlo habría permitido reducir el flujo de salida.

La entrada en vigor de la ley estaba prevista para las 04:00 de la mañana del día siguiente, cuando todo el mundo estaría aún durmiendo, lo que habría permitido tomar todas las disposiciones que fueran necesarias en los pasos fronterizos.

LOS DÍAS SIGUIENTES

Durante los siguientes días no vuelve a entrar en vigor el control tradicional en los pasos fronterizos de Berlín. Esperando que lleguen millones de pasaportes, los visados se colocan en los carnets de identidad.

La fiesta continúa durante todo el fin de semana: las colas en los pasos fronterizos crecen —se abre con un buldócer una decena de nuevos puntos de paso en el muro— y el desorden reina en Berlín Occidental. La ciudad le ofrece a cada alemán del Este 100 marcos alemanes de bienvenida, lo que se corresponde con un mes de salario en la RDA, que se gasta enseguida en supermercados, en productos de belleza, chocolate, juegos electrónicos o discos de rock and roll, todo ello desconocido al otro lado del muro.

Enseguida se convierte en un acontecimiento muy mediático. El sábado 11 de noviembre, el famoso violonchelista ruso exiliado Mstislav Rostropóvich (1927-2007) improvisa un concierto a los pies del muro. Más de dos millones de alemanes del Este visitan Berlín Oeste durante ese fin de semana.

El 29 de diciembre de 1989 se decide destruir el muro. Las obras comienzan oficialmente el 13 de junio de 1990 y llegan coleccionistas de todo el mundo para hacerse con un recuerdo de este símbolo de la Guerra Fría.

Destrucción del muro.

¿QUÉ QUEDA DEL MURO?

El recorrido del muro todavía es visible a lo largo de 20 kilómetros en Berlín, simbolizado en el suelo con una fila doble de adoquines de granito o con una línea roja. Se han conservado algunas secciones del muro, así como torres de vigilancia, y aún pueden observarse los cambios efectuados en algunos edificios civiles integrados en el dispositivo fronterizo.

REPERCUSIONES

LA REUNIFICACIÓN ALEMANA (1989-1990)

Para las dos Alemanias, la reunificación se plantea enseguida como la mejor solución, sobre todo para frenar el éxodo de ciudadanos de Alemania del Este hacia la RFA. El 28 de noviembre de 1989, el canciller de Alemania Occidental, Helmut Kohl, propone un programa de diez puntos cuyo objetivo es lograr la reunificación alemana en un periodo de entre cinco y diez años, mientras que en Alemania Oriental vuelven a convocarse manifestaciones que reclaman la reunificación. El 18 de marzo de 1990 tienen lugar las primeras elecciones libres, que gana Lothar de Maizière (nacido en 1940), un cristiano demócrata que se declara a favor de una Alemania unida.

Sin embargo, Alemania no puede modificar su estatus sin el acuerdo de los antiguos Aliados. El 5 de mayo de 1990 se inicia una conferencia «dos más cuatro», que reúne a las dos Alemanias y a los cuatro vencedores de 1945. Concluye el 12 de septiembre de 1990 con la firma del Tratado de Moscú, que regula los aspectos exteriores de la unidad alemana (fronteras, alianzas, fuerzas militares) y, sobre todo, convierte a Alemania en un Estado con plena soberanía.

Mientras tanto, el proceso de la unificación de las dos Alemanias se ha acelerado. El 1 de julio de 1990 se establece la unión monetaria, económica y social, firmada el 18 de mayo. Alemania Occidental acepta la paridad de los dos marcos, y ofrecerá ayudas públicas masivas para permitir que las empresas del Estado puedan pasar a formar parte de la economía de mercado. El tratado de unificación, firmado el 31 de agosto, entra en vigor el 3 de octubre de 1990. Este extiende el régimen político y administrativo de la RFA a las cinco provincias de la antigua RDA. La capital se traslada de Bonn a Berlín, y Helmut Kohl se convierte en el primer canciller de la nueva Alemania.

LA «DESATELIZACIÓN» DE EUROPA DEL ESTE (1989-1990)

La caída del muro de Berlín también desempeña un papel decisivo en la evolución política de los otros Estados satélite de la URSS que, enardecidos por la no intervención de Moscú, rechazan en unos meses los regímenes comunistas autoritarios y quieren democracias como las occidentales.

Al igual que en la RDA, esto suele hacerse de manera pacífica, bajo la presión de un pueblo que obtiene el reconocimiento de los partidos de la oposición y con elecciones libres que llevan al poder a representantes no comunistas, a menudo antiguos disidentes.

En Polonia, el sindicato Solidaridad de Lech Walesa (nacido en 1943) es reconocido el 5 de abril de 1989, y las elecciones del 4 de junio establecen el primer gobierno de mayoría no comunista en un país satélite, dirigido por Tadeusz Mazowiecki (1927-2013). El 22 de diciembre de 1990, Lech Walesa es elegido presidente de la República polaca.

En Hungría, el Foro Democrático Húngaro es reconocido como partido político en febrero de 1989, y las elecciones del

18 de octubre llevan al poder al primer jefe de Estado post-comunista, Matyas Szuros (nacido en 1933), que proclama la República de Hungría el 23 de octubre de 1989. El 25 de marzo de 1990 tienen lugar las primeras elecciones libres, que gana el Foro Democrático Húngaro.

En Checoslovaquia, tras las manifestaciones pacíficas que se multiplican desde el 17 de noviembre de 1989 (la Revolución de Terciopelo), el Partido Comunista abandona el poder. El 10 de diciembre se establece un gobierno no comunista, y el antiguo disidente y escritor Václav Havel (1936-2011), representante del Foro Cívico, es elegido presidente el 29 de diciembre de 1989.

En Bulgaria, el 10 de noviembre de 1989, el presidente co-munista Todor Zhivkov (1911-1998) dimite súbitamente ante las manifestaciones populares, y es reemplazado por Petar Mladenov (1936-2000), más liberal. El 15 de enero de 1990, el pluripartidismo se reconoce de forma oficial y el 10 de ju-nio de 1990 tienen lugar las primeras elecciones libres. Sale elegido Mladenov, pero el 6 de julio tiene que dimitir. Así, el antiguo disidente Zheliu Zhelev (nacido en 1935) y represen-tante de la Unión de Fuerzas Democráticas, se convierte en el presidente de la República el 1 de agosto de 1990.

En Rumanía, Ion Ilescu (nacido en 1930), líder del Frente de Salvación Nacional, se hace con el poder el 22 de diciembre de 1989 tras un golpe de Estado contra el dictador comu-nista Nicolae Ceausescu (1918-1989). Es elegido presidente de la República el 20 de mayo de 1990.

Albania, víctima de un régimen muy severo bajo el mandato

de Enver Hoxha (1908-1985), tarda más en liberalizarse. En 1990 se autorizan el pluralismo político y la libertad de circulación. Un año más tarde se organizan elecciones libres, pero mantienen a los comunistas en el poder, y hay que esperar hasta 1992 para que un representante de un partido demócrata lidere el Estado.

Al alejarse del modelo soviético, los países del Este también pasan del socialismo (economía planificada por el Estado) al capitalismo (economía de mercado). Es una transición brutal, que requiere una reorganización total. A pesar de la ayuda de los países occidentales y la apertura a inversiones extranjeras, el retraso económico provocado por décadas de régimen comunista sigue siendo difícil de superar.

LA DISOLUCIÓN DE LA URSS (1990-1991)

La política del glásnost y de la perestroika llevada a cabo por Gorbachov debilita el poder soviético central y despierta sentimientos nacionalistas en las 15 repúblicas socialistas soviéticas que forman la URSS (Estonia, Letonia, Lituania, Moldavia, Rusia, Georgia, Armenia, Uzbekistán, Tadjikistán, Azerbaiyán, Ucrania, Bielorrusia, Kirguizistán, Turkmenistán y Kazajstán).

Lituania, inspirada por lo que sucede en los Estados satélite, se declara independiente el 11 de marzo de 1990, pero sufre una gran represión. El 12 de junio de 1991, el demócrata Borís Yeltsin (1931-2007) es elegido presidente de Rusia, la mayor república soviética, cuya independencia proclama enseguida. Tras hacer fracasar el golpe de Estado del 19 de agosto de 1991 perpetrado por comunistas conservadores, suspende el Partido Comunista en Rusia. Este es el desencadenante que hace que las repúblicas soviéticas se declaren independientes una tras otra.

El 21 de diciembre de 1991, los presidentes de Rusia, de Bielorrusia y de Ucrania confirman el fin de la URSS y firman la creación de la CEI (Comunidad de Estados Independientes) que reúne 11 repúblicas de la antigua Unión Soviética. Gorbachov dimite el 25 de diciembre de 1991.

LA EXTENSIÓN HACIA EL ESTE DE LA COMUNIDAD EUROPEA

Europa se prepara para acoger a los países del Este que salen de la órbita soviética y que buscan un nuevo socio. El continente tiene que reafirmar sus criterios de identidad y de cohesión más que nunca, y extenderlos hacia el Este.

En noviembre de 1990, la Carta de París para una nueva Europa proclama el fin de la confrontación y de la división en el continente. Invita a los estados del Este a unirse a Occidente para construir una Europa unida, basada en el modelo democrático. Para entrar en las estructuras e instituciones europeas, tienen que tener un verdadero sistema democrático y una economía de mercado.

En 1989, el Consejo de Europa (fundado en 1949) acoge las nuevas democracias resultantes del antiguo bloque del Este. Hoy en día cuenta con 47 países miembro.

En 1993, la Unión Europea (UE) reemplaza a la Comunidad Económica Europea (CEE, fundada en 1957). De una unión puramente económica (mercado único), se pasa a una asociación más amplia —política, económica y monetaria. Hoy en día la UE cuenta con 28 países miembro.

En 1995, la CSCE se convierte en la OSCE (Organización para la Seguridad y la Cooperación en Europa), una organización permanente cuyo objetivo es garantizar la seguridad a través de una cooperación política, militar, económica, medioambiental y humana. Cuenta con 56 Estados participantes, yendo así más allá de las fronteras de Europa.

EN RESUMEN

- En 1945, los Aliados, que han liberado Europa, deciden dividir a la Alemania vencida y a su capital, Berlín, en cuatro zonas de ocupación.
- Los Estados Unidos y la Unión Soviética, nuevas superpotencias, se convierten enseguida en adversarios debido a la profunda oposición existente entre ambos. La Unión Soviética impone el régimen comunista en los países a los que ha liberado, convirtiéndoles en Estados satélite de Moscú.
- Así pues, Europa, Alemania y Berlín se ven a partir de ahora divididas en dos por un «telón de acero» que separa el Este comunista del Oeste democrático.
- La dureza del régimen comunista, así como la situación particular de Alemania y de Berlín, rota en dos partes, el Este (RDA) y el Oeste (RFA), lleva a un éxodo masivo de ciudadanos del Este de Alemania hacia la RFA y el enclave Berlín Oeste. La frontera berlinesa es el último punto fronterizo hacia Occidente hasta el 13 de agosto de 1961, mientras que, en el espacio de algunas horas, Berlín Oeste es rodeada por un muro de hormigón y una alambrada de púas, vigilado por guardias armados.
- En los años ochenta, la Unión Soviética está económicamente destrozada debido a los gastos excesivos de la carrera armamentística. Por ello, se ve obligada a realizar un movimiento de apertura hacia Occidente y hacia la democracia. A partir de 1985, Gorbachov aplica una política de glásnost y de perestroika en la URSS. En 1988, exime a los Estados satélite de la obligación de alinearse con el

régimen comunista soviético.

- Los primeros países del Este (Polonia, Hungría y Checoslovaquia) inician reformas democráticas. En mayo de 1989, Hungría abre su frontera con Austria, lo que le ofrece a los alemanes del Este una nueva puerta de salida, pero la RDA intenta bloquear el paso fronterizo.

- En otoño de 1989, los alemanes orientales reclaman en inmensas manifestaciones pacíficas la democracia y, sobre todo, la libertad para viajar, lo que obliga a los dirigentes del país a revisar su postura. El 18 de octubre, Erich Honecker es reemplazado en su función de líder del Estado por Egon Krenz, que promete una transformación política y una ley sobre los viajes.

- En la tarde del 9 de noviembre de 1989, Günter Schabowski, portavoz del gobierno, anuncia anticipadamente que a partir de ahora los ciudadanos pueden salir libremente de la RDA. La población de Berlín Este, informada por los medios de comunicación, se precipita a los pasos fronterizos, que se abren poco antes de la medianoche. El muro de Berlín ha caído por fin, y los berlineses festejan durante varios días el reencuentro.

- La caída del muro de Berlín anuncia la reunificación alemana, oficializada menos de un año después. Esta también acelera la caída de regímenes comunistas en los países satélite de la URSS y, algo después, la disolución de la URSS, ligada al colapso del comunismo y al nacionalismo de las repúblicas soviéticas. Europa tiene que prepararse para extenderse hacia el Este.

PARA IR MÁS ALLÁ

FUENTES BIBLIOGRÁFICAS

- Alonso, Luis M. 2009. "La noche en que cayó el muro". *La Nueva España*. 14 de noviembre. Consultado el 25 de mayo de 2016. http://www.lne.es/siglo-xxi/2009/11/08/noche-cayo-muro/831425.html
- Cahn, Jean-Paul y Ulrich Pfeil. 2008-2009. *Alemania 1949-1990*, 3 volúmenes. Villeneuve-d'Ascq: Presses universitaires du Septentrion.
- Cobarsí Morales, Josep. "La información derriba muros". *Infonomia*. Consultado el 25 de mayo de 2016. www.infonomia.com/img/pdf/idesastres.pdf
- Heyraud, Henri. 1992. *La fin de la guerre froide: perspectives*. Lyon: Presses universitaires de Lyon.
- Judt, Tony. 2007. *Après-guerre, une histoire de l'Europe depuis 1945*. París: Armand Colin.
- Konrad, Jeanette. 2008. "L'archive: la chute du mur de Berlín". *Arte*. Consultado el 8 de septiembre de 2014. http://www.arte.tv/fr/l-archive-la-chute-du-mur-de-Berlín/2306760,CmC=2306770.html
- "La chute du mur de Berlin". *Ministère de l'Éducation nationale de l'enseignement supérieur et de la recherche*. Consultado el 8 de septiembre de 2014. http://www.cndp.fr/pour-memoire/la-chute-du-mur-de-Berlín/presentation/
- "La guerre froide (1945-1989)". *CVCE.eu: Knowing the Past to Build the Future*. Consultado el 8 de septiembre de 2014. http://www.cvce.eu/education/unit-content/-/unit/55c09dcc-a9f2-45e9-b240-eaef-

64452cae/1dc7e103-8078-45e1-b8ac-2199a9be5783

- "Les bouleversements géopolitiques en Europe après 1989". *CVCE.eu: Knowing the Past to Build the Future.* Consultado el 8 de septiembre de 2014. http://www.cvce.eu/education/unit-content/-/unit/1f5d29d1-bc79-44af-ae41-6fdb3f41608
- "L'ouverture et la chute du mur". *Berlin.de.* Consultado el 8 de septiembre de 2014. http://www.berlin.de/mauer/oeffnung/index.fr.html
- Salas, Carlos. 2014. "Ricardo, el hombre que rajó el muro". *El Mundo.* 9 de noviembre. Consultado el 25 de mayo de 2016. http://www.elmundo.es/cronica/2014/11/09/545d244ce2704ee8478b4593.html
- Soulet, Jean-François y Sylvaine Guinle-Lorinet. 1998. *Le monde depuis la fin des années 60. Précis d'histoire immédiate.* París: Armand Colin.
- CWIHP. 2001. "The End of the Cold War". *Cold War International History Project Bulletin*, vol. 12/13, otoño/invierno.

FUENTES COMPLEMENTARIAS

- Aycard, Mathilde y Pierre Vallaud. 2009. *La chute du mur, 1969-2009.* París: Acropole.
- Basilico, Gabriele. 2002. *Berlín.* Arles: Actes Sud.
- Brigouleix, Bernard. 2001. *1961-1989: Berlin, les années du mur.* París: Tallandier.
- Buffet, Cyril. 2009. *Le jour où le Mur est tombé.* París: Larousse.
- Darnton, Robert. 1992. *Dernière danse sur le mur: Berlin, 1989-1990.* París: Odile Jacob.

- Demenet, Philippe. 2007. *J'ai vécu le mur de Berlin, 1961-1989*. París: Bayard Éditions Jeunesse.
- Garton Ash, Timothy. 1995. *Au nom de l'Europe: l'Allemagne dans un continent divisé*. París: Gallimard.
- Grosser, Alfred. 2006. *L'Allemagne de Berlin: différente et semblable*. París: Alvik.
- Guérard, François. 1994. *Berlin depuis 1945*. París: La Documentation française.
- Le Gloannec, Anne-Marie. 1985. *Un mur à Berlin: 1961*. Bruselas: Complexe.
- Lorrain, Sophie. 1994. *Histoire de la RDA*. París: PUF, colección *Que sais-je?*
- Soulet, Jean-François. 2006. *Histoire de l'Europe de l'Est: de la Seconde Guerre mondiale à nos jours*, París: Armand Colin, colección *U*.
- Terray, Emmanuel. 1996. *Ombres Berlinoises: voyage dans une autre Allemagne*. París: Odile Jacob.
- Verluise, Pierre. 2009. *20 ans après la chute du mur: l'Europe recomposée*. París: Choiseul.

FUENTES ICONOGRÁFICAS

- Conferencia de Yalta en la que participaron (de izquierda a derecha) Winston Churchill, Franklin Roosevelt y Joseph Stalin. La imagen reproducida está libre de derechos.
- El 13 de agosto de 1961, los grupos de combate armados permanecen en la línea divisoria. © Junge, Peter Heinz.
- Foto del muro de Berlín. © Willy Pragher.
- Manifestación en Berlín el 4 de noviembre de 1989. © Bernd Settnik.

- Conferencia de prensa de Schabowski el 9 de noviembre. © Bundesarchiv.
- Llegada de los automóviles Trabant 601 a Berlín Oeste. © Raphaël Tiémard.
- Destrucción del muro. © German Federal Archives.

PELÍCULAS Y DOCUMENTALES

- *Deutschland – Endstation Ost (Alemania, estación final del este).* Película documental de Frans Buyens. Bélgica, 1965.
- *La promesa.* Dirigida por Margarethe von Trotta, con Corinna Harfouch, Mereth Becker y August Zirner. Alemania, Francia y Suiza: Bioskop Film, J. M. H. Productions, Odessa Film, WDR, 1995.
- *El túnel.* Dirigida por Roland Suso Richter, con Heino Ferch, Nicolette Krebitz y Sebastian Koch. Alemania: Sony Pictures Classics, 2001.
- *Berlín Babilonia.* Película documental de Hubertus Siegert, con Günter Behnisch y Werner Durth, Alemania, 2001.
- *Good bye, Lenin!* Dirigida por de Wolfgang Becker, con Daniel Brühl, Katrin Saß y Chulpan Khamatova. Alemania: Ocean Films, 2003.
- *La vida de los otros.* Dirigida por Florian Henckel von Donnersmarck, con Martina Gederck, Ulrich Mühe y Sebastian Koch. Alemania: Alta Films, 2006.

MUSEOS Y EDIFICIOS CONMEMORATIVOS

- El museo de los Aliados, en Berlín (Alemania).

- El museo germano-ruso de Berlín-Karlshorst (Alemania).
- El museo de historia alemana en Berlín (Alemania).
- El centro de documentación sobre el muro de Berlín (Alemania).
- El museo del centro de refugiados de Alemania Oriental de Marienfelde, en Berlín (Alemania).
- El centro de investigación y memorial de la Normannenstraße, antigua sede del Ministerio de Seguridad Pública, en Berlín (Alemania).
- El memorial de Berlín-Hohenschönhausen, antiguo centro de detención policial (Alemania).
- El museo del muro del Checkpoint Charlie en Berlín (Alemania).
- El museo de la ciudad de Berlín (Alemania).

www.en50Minutos.es

ISBN ebook: 9782806277831

ISBN papel: 9782806281531

Depósito legal: D/2016/12603/209

Libro realizado por Primento, el socio digital de los editores